A.
1773.

397.

A   6195.

Hæc Illa est franco perquam nunc ore loquuntur
Divini vates, et prisca oracula pandunt.
Quin sese ut speculo furata est, pinxit; at ipsam
Mentem Carminibus, Speciem quoque sculpsit in ære.

ESSAY
DE
PSEAUMES
ET
CANTIQUES
MIS EN VERS,
ET
ENRICHIS DE FIGURES.

Par Mademoiselle * * *

A PARIS,
Chez MICHEL BRUNET, à l'entrée de la grand'
Salle du Palais, au Mercure Galant.

M. DC. XCIV.
AVEC PRIVILEGE DU ROY.

A
MONSIEUR A*.

Monsieur,

Vous avez fouhaité de voir ce petit Ouvrage, je vous l'envoye, & je vous l'offre comme un témoignage de mon zele & de ma reconnoiffance ; vous qui avez le cœur grand & genereux, vous ne dedaignerez pas une offrande mediocre, parce que vous fçavez avec quelle fincerité je vous prefente ce que je puis vous donner. Ce feroit icy l'occafion de vous loüer comme vous le meritez ; mais d'autres perfon-

ã ij

nes plus habiles que moy l'ont fait avec succés, & je ne l'entreprendrois pas aprés elles. Au lieu donc de vous arrêter à lire une Epître dedicatoire, j'aime mieux vous dire quelque chose de cet Ouvrage.

Cecy n'est qu'un coup d'essay. Quelques Pseaumes mis en vers sans aucun dessein formé de les donner au Public m'ont fait imaginer que les Pseaumes, avec leur histoire representée par des figures, seroient du goust de tout le monde : C'est ce qui m'a fait hazarder ceux-cy avec les Estampes, qui expriment parfaitement le sujet de chaque Pseaume. Ceux qui ont leu les Notes & la Paraphrase de Mr. Ferrand, verront bien qu'il m'a servy de guide ; sans les lumieres de cet excellent homme il auroit esté mal-aisé de ne pas s'égarer dans un chemin si difficile : vous en jugerez & vous connoîtrez que le sens du Psalmiste est rendu fidellement par tout. Que si en quelques endroits la pensée est plus resserrée ou plus étenduë, c'est pour luy donner ou plus de force ou plus de grace dans nôtre Langue; cependant on ne sçauroit dire que la verité en soit alterée, & même je ne me suis donné cette liberté que par rapport à quelques passages de l'Ecriture qui viennent au sujet, & qui éclaircissant le sens ne servent qu'à donner une plus parfaite intelligence du Texte. De plus la Poësie demande quelquefois des licences, elle a ce privilege dans toutes les Langues; & pourveu que ces licences ne corrompent point le sens, ce seroit être injuste de luy dénier dans la nôtre tous les ornemens qu'elle en peut recevoir: nous perdons assez de n'y pouvoir faire sentir les graces de la langue sainte; ses expressions outrées à nôtre égard, & ses redites continuelles, qui ne sont ni de nôtre usage ni de nôtre goût, sont pourtant des beautez infinies dans l'Original, qui ne peuvent être remplacées que par ce que nôtre Langue a de plus riche & de plus sublime. Il faut donc s'imaginer le Prophete exprimant ses pensées en François & non pas en Hebreu. Quoy que tous les hommes puissent penser de même, ils s'expliquent differemment, & selon le tour & le genie de leur Langue particuliere. Cependant ce que j'avance icy n'est que pour m'excuser, & non pas pour donner l'idée que je croye avoir touché au but & parfaitement réüssi dans mon dessein. J'avoüeray même que ces Paraphrases seroient tres-imparfaites sans les avis de plusieurs personnes recommandables par leur rang, leur érudition & leur bon goût.

Au reste, quoy qu'il semble qu'il y ait de la temerité à écrire sur une matiere qui depuis si long-tems a exercé les plus sçavantes plumes, on doit neanmoins considerer que tout ce que le saint Esprit a dicté à son Prophete est un fond inépuisable, & un sujet de meditation continuelle pour toutes sortes de personnes : chacun y entre à proportion du genie qu'il a reçû de celuy qui nous demande nôtre cœur de quelque maniere qu'il luy ait plû de le former ; & c'est pour cette raison qu'on doit regarder ces Paraphrases comme un ouvrage du cœur plûtost que de l'esprit.

Tel qu'il est, c'est toûjours un merite pour luy d'avoir donné l'idée à des personnes habiles de travailler sur le même sujet, qui peut-être sans cela n'y auroient jamais pensé. Voilà, MONSIEUR, ce que j'ay crû devoir vous dire. Si mon present a le bonheur de vous plaire, on jugera avantageusement de sa valeur par le juste prix que vous sçavez donner à toutes choses. Vôtre modestie cependant me défend de mettre vôtre nom à la tête de ce Livre ; mais ma reconnoissance ne sçauroit consentir qu'on ignore que je le consacre au plus genereux de tous les hommes, & dont le merite & la probité sont au dessus de sa fortune, quelqu'éclatante qu'elle soit. A ces traits je suis seure qu'on ne peut vous méconnoître : ainsi sans vous nommer tout le monde sçaura à qui je presente cet Ouvrage. Je suis avec beaucoup de respect,

MONSIEUR,

Vôtre tres-humble & tres-obéïssante servante,
✳ ✳ ✳.

ESSAY
DE
PSEAUMES
ET
CANTIQUES.

PSEAUME VIII.

PSEAUMES
DE
PROPHETIE.

PSEAUME VIII.

Domine, Dominus noster quàm admirabile est nomen tuum, &c.

David en ce Pseaume admire la grandeur de Dieu & son amour envers les hommes.

  Que ton Nom est admirable
Souverain Seigneur que je sers !
Il retentit en cent climats divers,
Tout fléchit à ce Nom si saint, si venerable,
  Que sa grandeur inconcevable
  Remplit bien ce vaste Univers !

A

Jufqu'où fa gloire peut s'étendre,
Tout le celebre, on l'adore en tous lieux :
Mais qui peut l'exalter, ce Nom fi glorieux,
 Que les Cieux ne peuvent comprendre ?
 C'eſt par la bouche des enfans
 Que fa vertu fe fait entendre,
 Et pour confondre les méchans,
La loüange te plaît dans cet âge fi tendre.
 Lorſque mes yeux vers le Ciel élevez
 Contemplent tes brillans Ouvrages,
Cette fource du jour, fans ombres, fans nuages,
 Tant de miracles achevez :
Je dis tout tranſporté de ta grandeur fuprême,
Toy, qui te rends prefent le paſſé, l'avenir,
 Dieu, qui te fuffis à toy-même,
L'Homme a-t'il merité d'être en ton fouvenir ?
 Cet Homme, qui te doit fon être,
Et que ta gloire environne aujourd'huy,
De la Terre, & des Mers eſt reconnu pour Maiſtre;
Tes Anges feulement font au deſſus de luy :
 Tout ce qu'on voit, & qui refpire,
Les plus grands animaux, comme les plus petits,
 A fes loix font aſſujettis ;

Sur tous les Elemens il étend son empire,
Tu le préviens en tout ce qu'il desire,
Et de tant de bien-faits son cœur seul est le prix.
O bontez de mon Dieu, que sans cesse j'admire!
De vostre immensité qui ne seroit surpris?

PSEAUME LXVIII.

PSEAUME LXVIII.

Salvum me fac Deus, &c.

Ce Pseaume, suivant le sentiment des Peres, est une Prophetie de la Passion de N. S. & des maux que les Juifs se devoient attirer par ce crime. Il nous represente aussi le triomphe de l'Evangile.

MOn Dieu, mon seul espoir, mon unique recours,
    Tire-moy de l'abysme où mon ame est plongée,
Par des torrens de maux aujourd'huy submergée,
    Elle perit sans ton secours.
Dans ce gouffre d'ennuis ma timide constance
    Succombe, & reste sans deffence ;
D'une orageuse mer je me vois englouti,
Tous ses flots irritez me roulent sur la teste,
Je cede à la fureur d'une horrible tempeste,
Si par tes mains, Seigneur, je ne suis garenti.

A iij

Par des cris redoublez je t'ay porté ma plainte ;
Ma gorge en est aride, & mes poulmons sechez ;
De mes yeux affoiblis vers les Cieux attachez,

  Bien-tôt la lumiere est éteinte.

Objet infortuné de tes justes fureurs,
Je vois mes envieux croistre avec mes malheurs,
Ta rigueur m'abandonne à leur rage inhumaine,
Je deviens le joüet de ces fiers ennemis,

  Et tu me fais porter la peine

Des crimes odieux, que je n'ay point commis.

   ⁂

 Tu sçais si mon ame est coupable
De ces crimes si noirs, qui me sont reprochez ;
Tu sçais, mon Dieu, tu sçais si j'ay part aux pechez,

  Dont tu veux que le poids m'accable.

  Souffriras-tu dans mes adversitez
Qu'à mon occasion les tiens persecutez

  Soient couverts d'opprobre & de honte ?

Verront-ils dans les maux dont je suis dévoré

  Lorsque la douleur me surmonte,

Que je t'auray, Seigneur, vainement imploré ?

   ⁂

Cependant accablé d'une peine si dure
Seul, j'ay d'un criminel le coupable renom,
Et c'est pour soûtenir la gloire de ton nom
Que je me vois en butte aux traits de l'imposture.
Au comble du malheur où je suis parvenu,
Jusques dans mon païs je deviens inconnu,
Tout redoute, tout fuit l'excez de mes miseres ;
En cet état funeste où tu m'as condamné,
De mes plus chers amis je suis abandonné,
Et je suis étranger entre mes propres freres.

C'est pour ta loy, Seigneur, que mes jours menacez
Reveillent la fureur de ceux qui te haïssent,
Et leurs traits criminels contre toy seul lancez
    Sur ma teste se réünissent.
Sous un cilice affreux je me suis déchiré,
Pour flechir ton courroux j'ay gemy, j'ay pleuré,
Mais ta colere encor ne s'est point appaisée ;
Tes ennemis sans cesse augmentent mes tourmens,
Et parmi leurs festins, & leurs déreglemens,
Mes pleurs, & mes sanglots leur servent de risée.

Pour croiſtre mes douleurs ils changent de projet,
Feignant de rallentir leur barbare furie,
Dans tous les lieux publics ils me font le ſujet
  D'une inſolente raillerie.
J'ay prié cependant, & je n'ay point ceſſé
  Dans les ennuis qui m'ont preſſé,
De t'addreſſer la voix de mon ame abbatuë,
Ne permets pas, Seigneur, que mes ſoûpirs ſoient vains,
  Et quand vers toy je tends les mains,
  Arreſte le coup qui me tuë.

Exauce-moy, mon Dieu, dans mes malheurs preſſans,
Selon la verité de ta ſainte promeſſe,
Fais-moy ſentir encor les effets tout-puiſſans
  D'une paternelle tendreſſe.
  S'il eſt vray que les affligez
  Par ta bonté ſont protegez,
  Viens, empêche que je ne meure :
Parois en ma faveur comme un ſoleil nouveau,
  Ne ſouffre pas que je demeure
  Dans l'obſcurité du tombeau.

Du plus mortel ennuy mon cœur est consumé,
Seigneur, écoute enfin mon ardente priere,
Daignes du gouffre obscur, où je suis abysmé,
  Me rapeller à la lumiere;
  Que l'antre affreux où je me voy
  Ne se referme point sur moy,
  Tends moy cette main secourable;
Helas! dans mes douleurs, haï, persecuté,
Le Dieu, de qui je tiens la vie & la clarté,
Me refusera-t'il un regard favorable?

~~~~~

  Ecarte les sombres horreurs
Où mon ame aujourd'huy se trouve ensevelie,
Détruis tes ennemis, & mes persecuteurs,
  Si tu veux me rendre à la vie.
Accablons, disent-ils, sa tremblante vertu,
Que rebuté d'avoir vainement combattu
Au plus noir desespoir il s'abandonne en proye.
Ah, Seigneur! tu connois ceux qui me font souffrir,
  Oste-leur la coupable joye
De penser que ton bras ne me peut secourir.

~~~~~

J'esperois qu'attendri de mes douleurs ameres,
Quelqu'un viendroit s'offrir pour essuyer mes pleurs,
Qu'un charitable amy touché de mes malheurs,
Voudroit bien avec moy partager mes miseres :
Mais loin d'avoir trouvé cet esperé secours,
Tous ont à leurs fureurs sacrifié mes jours,
J'ay senti tous les traits de leur mortelle rage;
  Victime de ces inhumains,
De vinaigre, & de fiel leurs sacrileges mains
  M'ont offert un cruel breuvage.

Pour prix de leurs forfaits qu'ils perdent la raison,
Qu'en leurs propres filets trébuchent ces Perfides,
Qu'au milieu des festins un funeste poison
Devienne l'aliment de tous ces Parricides :
Pour augmenter encor leur juste châtiment,
Qu'ils meurent endurcis dans leur aveuglement,
Que l'infernale nuit dans une épaisse nuë
De leur superbe esprit offusque la clarté,
  Que l'immuable verité
De ces barbares cœurs ne soit jamais connuë.

Par tes foudres vangeurs qu'ils soient exterminez,
Que la severité d'une exacte justice
S'exerce aux yeux de tous sur ces cœurs obstinez,
A leurs plus grands forfaits égale leur supplice.
De ces hommes de sang dépeuple l'Univers,
Que leurs vastes citez soient de vastes deserts,
Et parce qu'en mes maux, redoublans leur furie
Par eux mille tourmens sur moy sont entassez,
Que des sacrez cahiers de ton Livre de vie
Leurs detestables noms se trouvent effacez.

Quant à moy que leur rage extrême
Avoit ensevely dans l'ombre de la mort,
Vainqueur par ton secours de son cruel effort
  Je triomphe de la mort même.
O mort! où sont tes traits, ces homicides dards
  Que tu lances de toutes parts?
Impuissante aujourd'huy ta force t'abandonne,
Tu fuis le jour naissant dont l'éclat te détruit,
Et tu vois dissiper ton effroyable nuit,
  Par la gloire qui m'environne.

Mon Dieu, qui m'as presté des secours si puissans,
Quelles graces rendray-je à tes bontez propices?
Dois-je sur tes Autels faire fumer l'encens,
Ou de jeunes taureaux t'offrir les sacrifices?
Ah! Seigneur, la Victime agreable à tes yeux
C'est un cœur consumé de ce feu precieux
   Dont tu brusle le Chœur des Anges,
Le mien tout pénetré de ces vives ardeurs
   Plein de tes suprêmes grandeurs,
   T'offre d'immortelles loüanges.

Mais vous, qui m'avez veu dans mes adversitez,
Et qui me contemplez dans ma gloire nouvelle,
Joignez à mes transports l'ardeur de vostre zele,
Justes, du Tout-puissant adorez les bontez.
Que tout ce qui respire en toute la natur,
Que la terre, les airs, que toute creature
Que renferme en son sein le liquide element,
Que des rapides cieux la parfaite harmonie,
L'astre qui fait les jours, les feux du firmament,
Tout celebre à l'envi sa grandeur infinie.

C'est luy qui doit bien-tôt aux yeux de l'Univers
De ta captivité finir les dures peines,
Sion, tes ennemis, qui te chargent de fers,
Gemiront à leur tour sous le poids de tes chaînes.
Dans tes débris affreux tes murs ensevelis,
Superbes, de sa main se verront rétablis,
Tes Autels abatus, tes Palais, tes Portiques
Relevez de nouveau dans les tems à venir,
De son fameux secours monumens authentiques
En éterniseront l'éclatant souvenir.

PSEAUME XVII.

PSEAUME XVII.

Diligam te Domine, &c.

David rend graces à Dieu aprés la victoire qu'il remporta sur les Philistins. Il y dépeint le Jugement dernier.

MOn Dieu, ma force, mon secours,
Puisque c'est en toy que j'espere,
C'est à toy seul que je veux plaire,
Seigneur, je t'aimeray toûjours.
Quand mes ennemis pleins de rage
Fondoient sur moy comme un orage,
De tout espoir abandonné
Je disois : Seigneur je te prie
Aujourd'huy conserve ma vie,
C'est un bien que tu m'as donné.

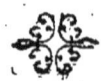

De la mort les douleurs cruelles
M'environnoient de toutes parts ;
Contre moy quels funestes dards
Ont armé des mains criminelles ?
Dans ces dures extremitez
Portant les yeux de tous côtez,
Du trépas la terrible image
Par tout se presentoit à moy ;
Le peril, l'horreur & l'effroy
Par tout me fermoient le passage.

Au fort d'un danger si pressant,
Invoquant un Dieu secourable,
Je poussois ma voix lamentable
Jusqu'au Trône du Tout-puissant ;
Il a de sa demeure sainte
Favorisé ma juste plainte :
Touché de mes cris, de mes pleurs,
Lorsque ma force est épuisée,
Sa colere s'est embrasée
Contre mes barbares vainqueurs.

A sa

A ſa voix la terre agitée
Tremble juſques aux fondemens;
La mer mugit, & par les vents
Juſqu'au ciel la vague eſt portée :
Ses regards enflamment les airs,
Les tonneres, & les éclairs
Combattent l'épaiſſeur des ombres;
Au milieu de l'obſcurité
Dieu deſcend, & ſa majeſté
Se couvre de nuages ſombres.

Le voicy, coupables humains;
Dans le ſein de la nuë humide;
Il fend les airs d'un vol rapide
Sur les aîles des Cherubins :
Les éclairs, qui de ſes yeux partent;
Déja les nuages écartent;
La grefle, les charbons ardens
Rempliſſent les airs, & la terre
Contre ceux qui me font la guerre;
S'uniſſent tous les élemens.

Parmi des éclats effroyables
Ses bruïans foudres allumez,
Comme des serpens enflamez,
Tombent sur les testes coupables.
Les forests, les monts renversez
Pesle-mesle sont entassez,
Des fleuves les sources cachées
Laissent voir dans le fonds des mers
Les fondemens de l'Univers
Sur leurs arenes desseichées.

Mais tandis que le Tout-puissant
Sur l'ennemy, qui plein d'envie
Poursuit les restes de ma vie,
Leve le foudre menaçant :
Du haut de son Trône adorable
Il me tend sa main secourable,
Et se rendant mon protecteur,
Sa force soutient ma foiblesse,
Et lorsque le malheur me presse,
Il détruit mon persecuteur.

Quand son bras a pris ma deffence,
Et qu'il me sauve du trépas,
Quand sa bonté guide mes pas
C'est qu'il protege l'innocence :
Heureux, & dans l'adversité
J'ay toujours suivi l'équité ;
Il connoist qu'à sa Loy sacrée
Mon humble cœur toujours soumis
A regardé comme ennemis
Ceux qui ne l'ont point reverée.

Par luy les Justes protegez
Trouvent la fin de leurs miseres
Dans leurs peines les plus ameres
Il console les affligez ;
Aux bons il se rend favorable,
Mais l'homme orgueilleux, & coupable,
Qui s'obstine dans son erreur,
Le trouvera juge severe,
Dieu le rendra dans sa colere
La victime de sa fureur.

Dieu des Cieux, que Jacob adore,
Mes yeux de douleur obscurcis
Par toy se trouvent éclaircis,
Parce que c'est toy que j'implore :
Aussi de tous abandonné,
De tenebres environné
Dans les peines les plus cruelles,
Sur toy se fondoit mon espoir,
Et sans cesse tu m'as fait voir
Que tes promesses sont fidelles.

Quel Dieu pouvoit nous secourir,
Qui fût à nôtre Dieu semblable ?
Dans un peril inévitable
Quel bras a sceu nous garentir ?
N'est-ce pas celuy qui propice
M'a retiré du precipice ;
Qui dans les plus cruels dangers,
Pour fuïr l'injuste violence,
Donne à mes pieds la diligence
Des animaux les plus legers ?

Par luy mes mains furent formées
Aux exercices dangereux ;
Dans les perils les plus affreux
Par luy mes mains furent armées :
D'un arc d'airain dans les combats
Il donne la force à mon bras,
Il m'inſtruit dans l'art de la guerre,
Tous mes ennemis ſont domptez,
C'eſt par luy que ſont ſurmontez
Les plus fiers peuples de la terre.

Ils ont beau, par des cris perçans,
Pouſſer au Ciel leur voix plaintive,
Dieu n'a point l'oreille attentive
A la priere des méchans.
Auſſi mépriſant leur faux zele
Il ſoumet ce peuple infidele
Aux loix que je luy preſcriray :
Pour cette grace memorable
Par toute la terre habitable
Sans ceſſe je le benirai.

PSEAUME XLIX.

Deus Deorum Dominus, &c.

Quelques-uns attribuent ce Pseaume à Asaph, d'autres à Jeremie, il contient une description du Jugement dernier.

Celuy qui fit la Terre & l'Onde,
Le souverain Maître des Rois
Vient de faire entendre sa voix
Jusqu'aux extrêmitez du monde.
Parmi les éclairs allumez
De ses tourbillons enflamez
Il lance un foudroyant tonnerre,
La terreur marche devant luy ;
Pecheurs tremblez, c'est aujourd'huy
Qu'il descend pour juger la Terre.

Du haut des Cieux font appellez
Les ministres de sa vengeance ;
Par eux les hommes assemblez
Vont oüir leur juste sentence :
Accourez timides mortels,
Et vous qui servez ses Autels
Ecoûtez sa voix redoutable :
Je suis Dieu, dit-il, vôtre Dieu ;
Voicy le tems, voicy le lieu,
Où je vay punir le coupable.

Ces holocaustes fastueux,
Que vous m'offrez en sacrifice ;
Vos hecatombes somptueux
Vers vous me rendront-ils propice ?
Bois-je le sang que vous versez,
Et de vos troupeaux engraissez
Devoray-je la chair fumante ?
Insensez & foibles humains,
Ce que vôtre main me presente
N'est que l'ouvrage de mes mains.

J'ay créé tout ce qui respire,
Maître de ce vaste Univers,
Les brûlans étez, les hyvers,
Tout releve de mon Empire,
Ay-je besoin de vos presens,
Vos victimes & vôtre encens
Sont-ils une assez digne offrande ?
Toute la terre est sous ma loy,
Et de ce tout qui n'est qu'à moy
C'est vôtre cœur que je demande.

Le sacrifice que je veux
C'est une loüange immortelle ;
Mais je n'accepte point les vœux,
Qui partent d'une ame infidelle.
Toy qui par un esprit trompeur
Sous l'appas d'un dehors menteur,
Des innocens fais tes victimes,
Dis-moy pourquoy profanes-tu
Dans ta bouche pleine de crimes
Le sacré nom de la vertu ?

Hypocrite, dont l'injustice
Se repose sur ma bonté,
Penses-tu que l'impunité
Soit pour autoriser le vice ?
Peux-tu croire que l'Eternel
Ressemble au coupable mortel ?
Mechant aprens à me connoître,
Que ton châtiment fasse voir
Quel rapport il y peut avoir
Du neant au souverain Estre.

PSEAUMES LXII et CXLII

PSEAUME LIV.

Exaudi Deus orationem meam, &c.

David composa ce Pseaume au commencement de la conjuration d'Absalon, il s'y plaint de la trahison d'Achitophel son ami.

Aneanty par mes malheurs
Le cœur consumé de tristesse,
Seigneur, je t'invoque sans cesse,
Entens la voix de mes douleurs.
Mon ame affligée, abbatuë,
Dans le noir chagrin qui me tuë,
Se trouble d'un mortel effroy,
Mes ennemis remplis d'envie
Vont accabler ma triste vie,
Et la mort se presente à moy.

De la fureur qui les devore
Ces fiers ennemis embrasez
M'accusent tous les jours encore
De mille crimes supposez.
Pressez par l'horreur & la crainte
Je t'adresse ma juste plainte,
Je dis dans mes transports divers ;
Ah ! Seigneur, que n'ay-je les aîles
Des plus legeres Tourterelles
Pour me sauver dans les deserts.

Là je verrois loin des allarmes,
Malgré mes malheurs obstinez,
Sous d'autres Cieux plus fortunez
Tarir la source de mes larmes.
Mais plûtost rends vains les projets
De mes infideles sujets ;
Que leurs sentimens se divisent ;
Que de leurs crimes aveuglez
Les uns par les autres troublez,
Bien-tost leurs forces se détruisent.

Depuis que mon malheur cruel
Précipita leur violence,
Que je ceday sans resistance
A leur attentat criminel,
On a vû couronner le vice,
La tromperie & l'injustice ;
Par eux l'honneur est combattu ;
Le bon droit devient leur victime,
On voit enfin regner le crime,
Où l'on vit regner la vertu.

Encor si celuy qui m'outrage
Hautement se fût declaré,
J'eusse trouvé contre sa rage
Peut-être un azile asseuré :
Mais c'est toy, mon amy, que j'aime,
Toy qui fus un autre moy-même,
Qui sçais les secrets de mon cœur ;
C'est toy, qui plein de perfidie,
Pour m'accabler par la douleur
Le premier attaque ma vie.

Dieu vengeur de la verité
Qui connois ces Ames perfides,
Pour détruire l'iniquité
Détruis leurs langues parricides,
Qu'ils gemissent sous leurs forfaits,
Que de tant de maux qu'ils m'ont faits
Ils reçoivent la juste peine,
Privez de l'immortel flambeau
Qu'ils tombent chargez de ta haine
Tous vifs dans un affreux tombeau.

Cependant, Seigneur, je t'implore
Sans cesse j'attens ton secours,
Et quand je voy naître l'aurore,
Et quand je voy finir les jours ;
L'Astre qui donne la lumiere
Est au Midy de sa carriere
Témoin des pleurs que je repans :
Mais mon attente n'est point vaine,
Seigneur, tu fis naître ma peine,
Tu feras cesser mes tourmens.

Pour ces méchants, qui me haïssent,
De leurs discours envenimez
On voit tous les traits enflamez
Qui contre eux-même réjalissent.
Seigneur, de ces hommes pervers
Purge, dépeuple l'Univers,
Retranche leurs longues années,
Qu'ils périssent dans leurs beaux jours,
Qu'on voye au milieu de leurs cours
Leurs méchancetez terminées.

PSEAUME

PSEAUME LXII.

Deus Deus meus ad te de luce vigilo, &c.

David composa ce Pseaume dans le desert de Galaad, où il s'étoit retiré pendant la rebellion d'Absalon.

Divine source de plaisirs
Seigneur, que mon amour implore,
Dés la naissance de l'aurore
Je t'offre mes ardens soûpirs;
Mon cœur seche dans ces desirs,
Eteins le feu qui le devore.

Comme une terre que la pluye
N'humecte plus depuis long-tems,
Ainsi plein de soucis cuisans,
Dans cet exil où de ma vie
Coulent les déplorables ans,
Mon ame languit & s'ennuye.

Soulage le mal qui me presse ;
Dans la misere où je me voy,
Encor qu'abbatu de tristesse
Mon cœur ne respire que toy ;
  Sans cesse il médite ta loy,
Ma bouche te benit sans cesse.

❦

Quand la nuit chassant la lumiere
Dérobe à nos yeux l'Univers,
Accablé de soucis divers
Vers toy j'adresse ma priere,
  Lors tu dessilles ma paupiere,
Et tes secrets me sont ouverts.

❦

Je voy sous ton aîle propice
  Mes jours protegez, défendus :
  Je connois que par leur malice
Tous mes ennemis confondus,
  Dans les pieges qu'ils m'ont tendus
Trouveront un juste suplice.

❦

Pour en conserver la memoire,
Que tous les hommes desormais
Racontent ce qu'ils n'ont pû croire,
Qu'ils disent que par tes biens-faits
David, qui n'aima que ta gloire,
Est au comble de ses souhaits.

Ludovicus Cheron, inv. et Sculp. PSEAUME LXXVIII.

PSEAUMES DE LA CAPTIVITE.

PSEAUME LXXVIII.

Deus venerunt Gentes in hæreditatem, &c.

L'on croit que ce Pseaume fut composé par Aggée ou Zacharie, qui furent emmenez en Babylone avec le reste des Juifs. Ils y déplorent la ruine de Jérusalem & les miseres de leur captivité.

Es Barbares, Seigneur, sont dans ton heritage,

A leurs prophanes loix ton saint Temple est soumis,

La captive Sion est enfin le partage

  De ses plus mortels ennemis.

C iij

Ses Palais sont détruits, ses tours sont renversées,
De ses superbes murs les pierres disperséeş
Offrent à ces cruels des triomphes nouveaux,
Tes Saints sont égorgez, leurs corps sans sepulture
Aux lions affamez ont servy de pâture,
  Et de nourriture aux corbeaux.

Leur sang qu'à gros torrens nous avons vû répandre
  Baignoit le pied de nos remparts,
Et leurs corps mutilez indignement épars
Attendoient des devoirs que nous n'osions leur rendre :
Helas ! infortunez nous étoit-il permis
De porter au tombeau nos frères, nos amis,
Quand nos cruels Tyrans nous défendant la plainte
  Nous forçoient à dissimuler,
  Et par la menace & la crainte
  Empêchoient nos pleurs de couler.

Nous sommes devenus l'opprobre de la terre,
Nos voisins autrefois par nous humiliez
Insolens aujourd'huy nous foulent à leurs pieds,

Et par des traits mocqueurs nous declarent la guerre,
Jusques à quand, Seigneur, sans espoir de secours
      Prolonge-tu nos tristes jours ?
Ne cesseras-tu point de punir nos offenses ?
      Nos tourmens sont-ils éternels ?
Et devois-tu choisir tes ennemis cruels
      Pour ministres de tes vengeances ?

Que ne fais-tu sentir tes redoutables coups
A ceux qui de tes loix n'ont point de connoissance
A ces peuples, qui loin d'invoquer ta puissance,
Par leurs impietez provoquent ton courroux :
Ces barbares, qui pleins d'une brutale joye
Aux plus affreux malheurs nous ont livrez en proye,
      Qui superbes & triomphans
Dans ton Temple portant leur rage sanguinaire,
      Jusqu'en ton propre Sanctuaire
Ont comme des lions devoré tes enfans.

De nos pechez passez efface la memoire,
      Viens nous empêcher de perir ;
Il en est tems, Seigneur, daigne nous secourir,
                  C iiij

Il y va de ta propre gloire :
Fais paroître à nos ennemis
Ce secours esperé que tu nous a promis.
Tu vois nôtre misere extrême,
Ranime donc nôtre foible vertu,
Releve de Jacob le courage abbatu,
Et viens briser nos fers pour l'amour de toy-même.

Ne souffre pas qu'encor ces insensez
Osent nous reprocher dans leurs discours impies,
Qu'est devenu le Dieu, dont vous nous menacez ?
Ses fureurs contre nous sont-elles assoupies ?
Punis sur ces méchans ce blaspheme odieux,
Fais éclater ta vengeance à nos yeux,
Viens leur faire sentir cette fureur puissante :
Entens les cris des tiens gémissans dans les fers,
Du sang de tes Elûs entens la voix pressante,
Viens, vange-nous, Seigneur, de tant de mau:
 ferts.

Tu sçais que nôtre mort quelque temps differée
Doit assouvir leurs cruautez,

Ah ! si par toy nos cris ne sont point écoutez
C'en est fait, dans ce jour nôtre perte est jurée.
   Préviens leurs desseins malheureux,
Tous ces maux preparez, qu'ils retombent sur eux,
Qu'ils sentent doublement la peine meritée ;
Délivre ton troupeau des portes du trépas,
Et nous ayant sauvez par l'effort de ton bras,
Qu'à jamais dans Sion ta gloire soit chantée.

PSEAUME CXXXVI.

PSEAUME CXXXVI.

Super flumina Babylonis, &c.

Ce Pseaume fut composé par quelque Prophete dans les premiers tems de la Captivité de Babylone.

Assis sur l'orgueilleuse rive
Où Babylone regne & voit couler mes pleurs,
Captifs nous déplorions tes funestes malheurs,
   Triste Sion, miserable captive :
Nos harpes, nos hautbois aux saules suspendus
   Muets n'étoient plus entendus :
En vain nos durs vainqueurs enflez de leur victoire
Se flatoient d'en oüir les agreables sons,
Chantez-nous, disoient-ils, ces celebres chansons
Qui de vôtre Sion jadis vantoient la gloire.

Helas ! leur difions-nous, par ces cruels mépris,
Pourquoy renouveller nos douleurs aſſoupies ?
Ces cantiques ſi ſaints les avons-nous appris
Pour eſtre prophanez en des terres impies ?
Déplorable Sion, ſi jamais l'avenir
De tes cruels malheurs m'ôte le ſouvenir,
Que ſur nos luths ſacrez mes doigts s'appeſantiſſent,
Que la langue me reſte attachée au palais,
  O Jeruſalem, ſi jamais
Sur ces bords étrangers tes concerts retentiſſent.

O, Seigneur ! ſouviens-toy que les enfans d'Edom,*
Au jour de ta colere exerçans leur furie,
Juſques dans le lieu ſaint blaſphemant ton ſaint Nom,
Crioient, exterminez, deſolez leur patrie :
Sous ces fameuſes tours, ſous ces murs démolis
Que tous ces habitans reſtent enſevelis,
Qu'en des fleuves de ſang ſe changent leurs rivieres;
  Que leur Autels ſoient abatus,
Et que Jeruſalem ne ſe remarque plus
  Que par de vaſtes cimetieres.

Toy qui nous fais gemir fous le poids de tes fers ;
Babylone fuperbe en ta rage cruelle,
Qui pourra nous vanger de tant de maux fouffers ?
Qui prendra contre toy nôtre jufte querelle ?
Qu'il foit remply de biens, qu'il foit comblé d'hon-
  neur

    Celuy qu'a choifi le Seigneur,
Pour livrer à fon bras tes villes embrafées,
Qu'il arrache tes fils de leur fein maternel,
    Que verfant leur fang criminel,
    Tes pierres en foient arrofées.

* Edom nom d'Efaü frere de Jacob & pere des Iduméens, qui fe li-
guerent avec les Babyloniens dans la premiere deftruction de Jerufalem.

PSEAUMES LXIV et CXX.

PSEAUME CXX.

Levavi oculos meos in montes, &c.

Ce Pseaume est encore de la Captivité.

Vers les monts élevez où Dieu se fait entendre
    Mes yeux sont arrestez ;
C'est d'où vient le secours qu'Israël doit attendre
    De ses rares bontez.
Il ne permettra point qu'une erreur malheureuse
    Precipite nos pas,
Et qu'en l'égarement d'une nuit tenebreuse
    Nous trouvions le trépas.
Il remplira l'espoir qu'avec tant d'asseurance
    En luy nous avons mis,
Et nous sera toûjours une seure défense
    Contre nos ennemis.
Soit que l'ardent Soleil, ou que la froide Lune
    Eclaire l'Univers,
Nous n'éprouverons point l'influence importune
    De leurs aspects divers.

Dans ces tristes deserts loin de nôtre patrie
Il sera nôtre apuy,
Et sçaura garentir & conserver la vie
Que nous tenons de luy.

PSEAUME XLI.

PSEAUME XLI.

Quemadmodum Cervus, &c.

Il semble que ce Pseaume ait été composé vers le commencement de la captivité de Babylone par quelque Prophete qui avoit vû le premier Temple, & qui souhaitoit voir le second.

COmme le cerf lassé loin des ruisseaux soupire,
 Tout de même, mon Dieu,
Mon cœur brûle aprés toy, mon ame te desire,
 Et te cherche en tout lieu;
Pour éteindre en mon cœur cette soif violente,
 O, Seigneur ! permets moy
De puiser dans ces eaux, dont la source abondante
 Ne se trouve qu'en toy.
Penetré de douleurs, plein de tristes alarmes
 Je pleure incessamment;
Mes soûpirs enflamez, & les eaux de mes larmes
 Me servent d'aliment.

D

Nos maîtres inhumains me demandent sans cesse
  Qu'est-il donc devenu
Ce Dieu qui te protege, & qui de sa promesse
  Ne s'est point souvenu.
A ces mots j'ay recours aux sanglots, à la plainte;
  Souvenirs trop cruels !
Je rappelle les tems que dans ta Maison sainte
  J'encensois tes Autels.
Je repasse souvent dans ma triste memoire
  Ces chants melodieux,
Dont autrefois Jacob solemnisoit la gloire
  Du Monarque des Cieux.
Je compare ces tems à l'extrême misere
  Où je me vois reduit;
Lors je reste accablé d'une douleur amere,
  Et tout espoir me fuit.
Je sens qu'à chaque instant ma force diminuë,
  Languissant, abbatu,
Mon ame n'agit plus, & n'est plus soûtenuë
  De sa foible vertu.
Mais pourquoy t'affliger, ô mon ame étonnée !
  Nôtre plus cher tresor,
Sion, qui loin de nous gemit abandonnée

Nous la verrons encor.

Ah ! trop frivole espoir qui flatte nos miseres,
  Desirs vains, superflus,
Nôtre Dieu qui jadis favorisa nos peres
  Ne nous écoute plus.

De même qu'un abîme attire une autre abîme,
  Nôtre malheur est tel
Qu'il succede à soy-même, & comme nôtre crime
  Il devient immortel.

Mon cœur percé d'ennuis succombe sous l'orage,
  Qui vient fondre sur moy,
Et ma triste raison ne connoît plus l'usage
  De ton auguste Loy.

Donne-nous quelque espoir de ce jour favorable
  De nous tant souhaité,
Où Sion doit sortir de l'état déplorable
  De sa captivité.

Esclave que je suis j'exalteray ta gloire,
  Et dans mes chants divers
De tes biens-faits reçûs durera la memoire
  Autant que l'Univers.

Que ton oubly, Seigneur, ne soit plus de ma plainte
  Le sujet malheureux,

Que je ne marche plus environné de crainte
> Dans ces lieux tenebreux.

Pourrois-je entendre encor, le cœur plein d'amertume,
> Confus, humilié,

Son Dieu dort à ses cris, & selon sa coûtume
> Il en est oublié.

Reprenons, ô mon ame, une force nouvelle,
> Mon Dieu reçoit mes vœux,

Encor je beniray sa bonté paternelle
> Dans son Temple fameux.

PSEAUMES LXIV et CXX.

PSEAUME LXIV.

Te decet hymnus in Sion, &c.

Ce Pseaume fut composé dans la captivité de Babylone.

IL est juste, Seigneur, que ta loüange éclate
 En toute Nation,
Quand ton peuple forty de cette terre ingratte
 Habitera Sion.
Daignes remplir nos vœux & soulage nos peines,
 Nous faisant esperer
Qu'aux pieds de tes Autels délivrez de nos chaines,
 Nous pourrons t'adorer.
Il est vray, nos pechez dont le poids nous accable
 Nous retiennent icy;
Mais pardonne, Seigneur, ton peuple miserable
 Implore ta mercy.
Heureux qui par ton choix dans ta demeure sainte
 Verra couler ses jours,

Heureux qui de ces lieux plein d'horreur & de crainte
 S'éloigne pour toûjours.
Toy, qui des plus hauts monts rends la base solide,
 Qui du fond de la mer
Fais remonter les flots d'un mouvement rapide,
 Et qui les sçais calmer.
Fais voir aux Nations qui causent nos miseres
 Tes miracles divers ;
Montre leur que celuy qui protegea nos peres
 Gouverne l'Univers :
Que ta grace, Seigneur, réjoüisse nôtre ame,
 Depuis que le Soleil
Nous amene le jour, jusqu'à ce que sa flame
 Fasse place au sommeil.
Que des humides Cieux les sources bien-faisantes
 Arrosent nos sillons ;
Que le fameux Jourdain de ses eaux abondantes
 Inonde nos vallons.
Puissions-nous voir encor nos feconds patûrages
 Et nos côteaux fleuris ;
Puissions-nous retrouver nos prez remplis d'herbages
 Et voir nos fruits meuris.
Que comblant de tes biens la terre fortunée

Qui fait tout nôtre espoir
Nous puissions nous flatter que cette même année
Nous pourrons la revoir.
Augmente à l'infiny dans ces lieux desirables
Nos troupeaux engraissez,
Et que parmy ces biens nos malheurs déplorables
Se trouvent effacez.

Ludovicus Cheron inv. et sculp

PSEAUME LXXIII.

PSEAUME LXXIII.

Ut quid Deus repulisti, &c.

Ce Pseaume a esté fait dans les derniers tems de la captivité de Babylone.

POurquoy dans les ennuis d'une longue souffrance
    Bannis, infortunez,
Nous laisse-tu, Seigneur, si loin de ta presence
    Aux pleurs abandonnez?
Ne te souvient-il plus que Sion te fut chere,
    Que malgré son malheur
Encor de ce troupeau, l'objet de ta colere
    Toy-même es le Pasteur,
Sion qui fut à toy, Sion si florissante
    Dans sa prosperité,
C'est elle qu'aujourd'huy nous voyons gemissante
    Dans la captivité.
Sous le poids de ses fers esclave elle soûpire;
    Dans les tems à venir,
Pourra-t-on conserver de son premier empire

Un leger souvenir ?
Nous avons vû, Seigneur, les sanglantes conquêtes
De nos vainqueurs cruels ;
Nous avons vû cesser la pompe de tes festes
Et tomber tes Autels.
L'horreur ne prit jamais des plus terribles formes,
Ton Temple abandonné
Servit d'affreux theatre à ces crimes énormes
Dont il est prophané.
Nous avons vû le sang dont la terre étoit teinte
Couler de toutes parts,
Et nos fiers ennemis dans ta demeure sainte
Planter leurs étendarts.
Comme en une forest la tranchante coignée
Sous ses coups furieux
Fait tomber le viel bois, dont la cime éloignée
Sembloit toucher les Cieux.
Ces barbares de même ont brisé tes portiques
Et tes lambris dorez ;
Leurs haches ont rompu tes tables magnifiques
Et tes vases sacrez.
Depuis qu'on voit regner l'insolence & le crime
On n'a rien vû de tel ;

Le Sacrificateur devenu la victime,
 Enfanglantoit l'Autel.
Tout ce qu'a de cruel la rage fanguinaire,
 La flame, le couteau,
Tes Saints l'ont éprouvé jufqu'en ton Sanctuaire,
 Qui leur fert de tombeau.
Mais, Seigneur, nos tyrans te font encore la guerre;
 Son culte eft aboly,
Difent-ils, que ce Dieu foit par toute la terre
 Pour jamais en oubly.
Ah ! Seigneur, deformais, quel fecours, quel refuge
 Nous fauve du trépas,
Helas ! nous n'avons plus ni Prophete, ni Juge,
 Qui conduife nos pas.
Ne puniras-tu point l'orgueil & le blafphême
 De fes fiers inhumains ?
Oferont-ils porter jufqu'à ton trône même
 Leurs facrileges mains :
Ce Dieu par qui Sion fut jadis garentie
 N'eft-il plus nôtre Dieu ?
Cette tendre bonté tant de fois reffentie
 N'a-t-elle plus de lieu ?
Quand ton Peuple captif de l'Egypte cruelle

Fut mis en liberté,
Alors tu fis perir une armée infidelle
Pour nôtre seureté :
On vit de Pharaon noyer l'orgueil impie,
On vit tous ces deserts,
Qui bornent au Levant l'ardente Ethiopie
De cadavres couverts.
Tu fendis le rocher, une abondante source
En réjallit soudain :
Pour sauver Israël tu suspendis la course
Du rapide Jourdain.
Toute esperance, ô Dieu, doit-elle être bannie,
Et n'est-tu pas toujours
Celuy dont autrefois la puissance infinie
Nous prêta du secours ?
Le grand astre du jour, & la naissante aurore
Par tes mains sont formez,
Et ces brillans flambeaux dont le Ciel se décore
Par toy sont allumez.
La terre est ton ouvrage, & les mers sont bornées
Par tes ordres puissants,
Tu veux que les saisons l'une à l'autre enchaînées
Nous partagent les tems.

Ce pouvoir infini qui fait trembler la terre
      Fais-le sentir, Seigneur,
Aux peuples inhumains qui nous livrent la guerre
      Avec tant de fureur;
A ces tigres cruels, à ces lions terribles!
      N'expose point nos jours,
Que nous ne soyons pas dans ces deserts horribles
      Exilez pour toûjours.

Sion étoit à nous par un droit legitime,
      Mais helas! nos malheurs
En rendent aujourd'huy par la force & le crime
      Nos tyrans possesseurs.
Ne reverrons-nous plus nôtre chere Patrie,
      Sans cesse humiliez,
Vil rebut de la mort, opprobre de la vie,
      Serons-nous oubliez.

Détruits nos ennemis & prens nôtre défense,
      Viens les remplir d'effroy,
Avec ce dur mépris dont l'orgueil nous offense,
      Ils s'attaquent à toy.

PSEAUME CXXI.

PSEAUME CXXI.

Lætatus sum in his quæ dicta sunt mihi, &c.

Ce Pseaume fut fait lorsque les Juifs eurent obtenu de Cyrus la permission de retourner à Jerusalem aprés 70. ans de captivité.

Quel transport imprevû s'empare de mon ame!
Seroit-il vray qu'encor je verrois de mes yeux
La celebre maison du Dieu que je reclame?
Je reverrois Sion, le bien de nos Ayeux.
Jerusalem séjour où regnoit la concorde,
Où l'on vit triompher la justice & la paix,
    Le Tout-puissant par sa misericorde
    Te rendroit-il à nos souhaits ?
Que je sens vivement cette heureuse nouvelle
Encor j'adoreray dans ce lieu glorieux,
Où mille nations offrent au Dieu des Cieux
    Avec la victime mortelle
    Le sacrifice precieux
    D'une ame & sincere & fidelle,

Dans l'attente du jour qui fait nôtre bon-heur
Nos cœurs exempts d'ingratitude
Sans cesse beniront nôtre liberateur,
Il rompt les fers de nôtre servitude ;
Que favorisé du Seigneur,
Ses jours soient couronnez & de gloire & d'honneur.
Et toy Jerusalem, ô nôtre Cité sainte,
Que les graces du Ciel se répandent sur toy,
Goute la douce paix qui regne en ton enceinte,
Que mes freres unis puissent joüir sans crainte
Des biens que le Seigneur leur partage avec moy.

PSEAUME.

PSEAUME LXXVI.

PSEAUME LXXVI.

Voce mea ad Dominum clamavi, &c.

Ce Pseaume fut composé après le retour de la captivité de Babylone.

Lors que mes cris perçoient les airs,
Celuy dont je tiens la lumiere
Prestoit l'oreille à ma priere,
Et prenoit pitié de mes fers.
Poussé d'une ame impatiente
J'élevois ma voix gémissante,
Je luy dépeignois mes douleurs,
Sa bonté soulageoit ma peine,
Il m'aidoit à porter ma chaîne
Et sa main essuyoit mes pleurs.

Je difois, fois moy fecourable,
Seigneur, exauce mes foûpirs,
Puifque toy feul fais mes defirs
Que je ne fois plus miferable :
Rompts les fers, dont ces inhumains
Chargent & mes pieds & mes mains,
Que ta grace qui me confole
Acheve ma felicité,
J'en ay pour gage ta parole,
Et tu me dois la liberté.

Dans fes douleurs aneantie
Mon ame en vain fe confumoit,
Aux difcours que l'on me tenoit
Je demeurois fans repartie;
Au fort de mes cruels ennuis
Je paffois les jours & les nuits
A retracer en ma memoire
Les tems qui fe font écoulez
Depuis que triftes, defolez
De Sion nous pleurions la gloire.

Dieu qui nous combla de richesses
Nous rejette-t-il pour toujours ?
Difois-je, son puiffant fecours
Secondera-t-il fes promeffes ?
Ses biens-faits des fiecles paffez
De fon cœur font-ils effacez ?
N'en reconnoît-on plus la trace ?
Et fa colere deformais
Contre fon peuple pour jamais
L'emporte-t-elle fur fa grace ?

Cependant je fens que j'efpere,
Reprenois-je, & ce changement
Me fait connoître en ce moment,
Que de Dieu s'éteint la colere :
Devois-je m'affliger ainfi,
Et fon bras eft-il racourcy
Depuis que fa faveur puiffante
Sur l'heureux Jofeph s'étendit,
Et que fa lumiere éclatante
Sur Ifraël fe répendit ?

De ces rivages redoutables
Lors que Jacob en approcha
La mer s'enfuit & se cacha
Dans ses abîmes effroyables ;
A l'aspect du Dieu souverain
Les flots disparurent soudain ;
De frayeur s'ébranla la terre,
Et formant des sentiers divers,
Parmy les éclats du tonnerre
Sous ses pieds il secha les mers.

Par luy la vague soûtenuë
Laissa voir un chemin nouveau ;
Pharaon trouva son tombeau
Suivant cette route inconnuë.
Pour le garentir du trépas,
Seigneur, tu ne le guidois pas,
Mais de ce troupeau qui t'adore
Tu fis Moïse conducteur ;
Viens, Seigneur, le conduire encore,
Toy seul en es le vray Pasteur.

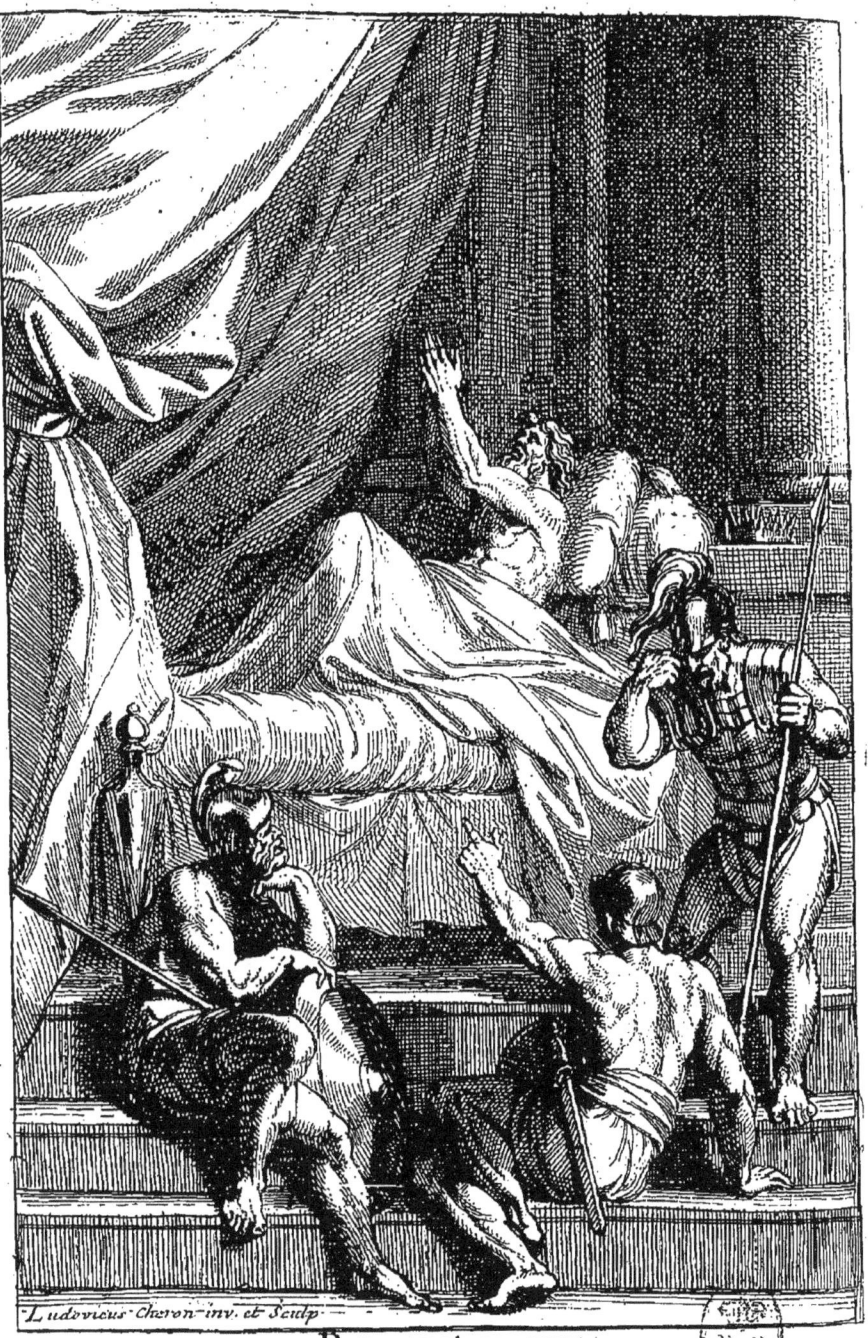

PSEAUME VI.

PSEAUMES
DE LA
PENITENCE

PSEAUME VI.

Domine ne in furore tuo arguas me, &c.

David étant au lit malade dans le tems de la conjuration d'Abſalon compoſa ce Pſeaume.

NE me fais point ſentir, Seigneur, dans ta colere
  Les traits de ta fureur,
Et n'examine point d'un jugement ſevere
  Ma déplorable erreur.
Dans les ennuis preſſans, dont mon ame eſt troublée,
  Mon corps eſt abbatu,

E iij

Et sous le poids des maux dont elle est accablée
    Succombe ma vertu.
Chaque instant me ravit la force, & la lumiere
    Tout me paroît confus,
Une éternelle nuit va couvrir ma paupiere
    Je ne me conniois plus.
N'éprouveray-je point, mon Dieu, ton assistance
    Sur le point de mourir,
Voudrois-tu détourner cette rare clemence
    Qui peut me secourir ?
Quand de la pâle mort la puissance cruelle
    Eteint nôtre flambeau,
Qui lors peut celebrer ta loüange immortelle
    Dans la nuit du tombeau ?
J'ay gémy, j'ay crié, ma force est épuisée,
    Mes yeux dans mes douleurs,
Pour rendre en ma faveur ta colere appaisée,
    Baignent mon lit de pleurs.
Au milieu des ennüis dont j'ay senty l'atteinte,
    Mes tristes jours passez
Ont augmenté mes ans, & ma voix est éteinte
    Des cris que j'ay poussez.
Mais vous qui m'entourez ennemis implacables,

Encor qu'humilié,
Ne croyez pas que Dieu dans mes maux déplorables.
M'ait jamais oublié.
Vous apprendrez bien-toſt que juſte & debonnaire
Il écoute ma voix,
He! ſon bras aujourd'huy ne pourroit-il pas faire
Ce qu'il fit autrefois?
Fuyez donc penetrez & de honte & de rage
Méchans diſparoiſſez ;
Puiſque mon Dieu m'entend, je ne crains plus l'orage,
Mes perils ſont paſſez.

PSEAUME XXXI.

PSEAUME XXXI.

Beati quorum remissæ sunt iniquitates, &c.

Lors que David fut chassé de Jerusalem par son fils Absalon, il composa ce Pseaume qu'il prononça devant ceux qui le suivirent.

Heureux celuy dont les fautes passées
    Dans le sein de l'obscurité
Se trouvent pour jamais pleinement effacées ;
Heureux qui de remords n'est point persecuté ;
Mais cent fois plus heureux encore
Est le cœur penitent, qui le Seigneur implore
Seur d'obtenir de luy le pardon desiré :
    Qui desormais dépoüillé de tout vice
De son Juge irrité desarmant la Justice
Peut regarder le Ciel comme un prix assuré.

A ces cruels remords mon ame assujettie
    Poussoit de vains gemissemens,
    Tandis qu'au milieu des tourmens
Je sentois chaque jour ta main appesantie.
En proye à mes ennuis, devoré de regrets
Pour m'éloigner de toy les lieux les plus secrets
    Me paroissoient un seur azile :
Mais en vain j'ay voulu déguiser mon peché,
    Ah ! Seigneur, qu'il est difficile
De se cacher aux yeux à qui rien n'est caché.

Pressé de mes douleurs j'ay confessé mon crime,
    Je t'ay déclaré mes forfaits,
J'ay dit pour expier tant de maux que j'ay faits
De la fureur de Dieu rendons-nous la victime.
A peine au repentir me suis-je abandonné
Que mon peché s'efface, & tu m'as pardonné,
Tu m'as rendu l'innocence première :
Seigneur, pourrois-je assez admirer ta bonté,
    Tu veux que je joüisse encor de la lumiere
Dont mon crime odieux soüilla la pureté.

Pour tant de biens reçûs que tes Saints te beniſſent,
Que ton Nom glorieux par toute Nation
  Soit celebré ſur le mont de Sion,
  Juſqu'à ce que les tems finiſſent.
Et moy qui ſur toy ſeul dois fonder mon appuy
Je te demande encor ton ſecours aujourd'huy,
  Contre l'ennemy qui m'accable :
Lors que je te fuyois tu m'a favoriſé,
  Tu me cherchois infidelle & coupable,
Quand je n'aime que toy ſerois-je refuſé ?

⚜

Que ta grace, mon Dieu, ſe repende en mon ame,
  Tu ſçais qu'en mes cruels malheurs
Je n'ay recours qu'à toy, c'eſt toy que je reclame,
  Ecoute la voix de mes pleurs.
Dis à mes ennemis, ne ſoyez pas ſemblables
  A ces animaux intraitables
  Qui par le dur frein ſont domptez ;
Ainſi je puniray vos ames criminelles
D'un deluge de maux, de peines éternelles
Je recompenſeray vos infidelitez.

⚜

Mais comme les méchans par des chûtes horribles
Terminent à la fin leurs injustes projets,
Ainsi David verra ses rebelles sujets
Eprouver du Seigneur les Jugemens terribles.
Justes qui m'écoutez, qu'un changement si beau
Mette dans vôtre bouche un Cantique nouveau,
Benissez du Seigneur la bonté secourable,
Qu'à jamais son saint Nom par nous soit exalté,
Et que de ses biens-faits la memoire durable
    S'étende à la posterité.

PSEAUME XXXVII.

PSEAUME XXXVII.

Domine ne in furore, &c.

David affligé de la peste composa ce Pseaume.

NE m'examine point, Seigneur, dans ta justice,
A mes vœux aujourd'huy rends ta bonté propice,
Des traits de ta fureur tout couvert que je suis
Vois mon corps qui n'est plus qu'une profonde playe ;
Mais plûtost, ô mon Dieu, dans mes cruels ennuis
    Vois si ma repentance est vraye.

Je ressens vivement le poids de mes pechez,
Mes crimes à mes maux demeurent attachez,
Mon triste cœur percé du regret qui me tuë
    Cede à la rigueur des tourmens,
Ma vertu m'abandonne, & mon ame abbatuë
    Se consume en gémissemens.

Je souffre des douleurs dont la moindre est mortelle
D'un sang empoisonné la source criminelle
Dans ce cœur malheureux tient son venin caché ;
Un invisible feu circule dans mes veines,
Et je puis comparer la grandeur de mes peines
A la grandeur de mon peché.

Penetré de remors, accablé de miseres
Comme un lion terrible en mes douleurs ameres
Je pousse des rugissemens.
Ah ! Seigneur, qui connois tout ce que je desire,
Ecoute enfin mes cris, fait cesser mes tourmens
Et rends-moy le seul bien pour qui mon cœur soupire.

C'est ta grace, Seigneur, qui fait tous mes souhaits,
C'est elle qui lavant mes énormes forfaits,
Pourroit seule à tes yeux me rendre l'innocence :
Tu sçais que mes tourmens ne sçauroient augmenter,
Que ma foible vertu ne les peut supporter,
Qu'enfin contre tes traits je n'ay point de défense.

Dans l'état déplorable où ta rigueur m'a mis
Je suis persecuté de mes plus chers amis,
De crimes supposez ils noircissent ma vie,
Il semble qu'ils voudroient par de nouveaux malheurs
    Pour satisfaire leurs fureurs,
    Que la clarté me fût ravie.

A me deshonorer, à croître mes ennuis
    Ils passent les jours & les nuits.
Immobile, interdit, je ne sçay que répondre,
Leurs discours par les miens ne sont point combattus
Tant d'infidelitez servent à me confondre,
Et parmy tant d'horreurs je ne me connois plus.

Cependant, ô mon Dieu, lors qu'avec confiance
    J'asseure en toy mon esperance ;
Quand je t'offre des vœux serois-je rebuté :
Tandis que ces méchans dont la cruelle joye
    Aggrave encor les maux, dont tu me fais la proye,
Joüissent d'un bonheur qu'ils n'ont point merité.

Si tu veux toutefois pour expier mon crime
De leurs lâches complots me rendre la victime
Je n'en murmure point, me voicy prest, Seigneur ;
J'accepte cet Arrest, je benis mon supplice ;
Et quand mes envieux sont comblez de bonheur
Mon cœur humble & soumis adore ta Justice.

Mais de ces orgueilleux qui me foulent aux pieds
Les injustes projets seront-ils oubliez :
L'amour que j'ay pour toy rend leur haine implacable ;
Comme un crime odieux ton Nom m'est reproché ;
Déja sans le secours de ta main favorable
Du nombre des Vivans ils m'auroient arraché.

Soulage mon tourment, vois le mal qui me presse ;
Helas ! si ta bonté ne soutient ma foiblesse,
Rien ne me peut sauver, Seigneur, je vais perir.
Ne m'abandonne point, c'est en toy que j'espere
  Avec la tendresse d'un pere
  Mon Dieu daignes me secourir.

PSEAUME

Ludovicus Cheron inv. et sculp.

PSEAUME L.

PSEAUME L.

Miserere mei Deus, &c.

David fit ce Pseaume pour demander pardon à Dieu de l'adultere de Betsabée & du meurtre d'Urie.

FAis que suivant mes vœux sur mes crimes s'étende
 L'effet de tes bontez ;
Que ta grace, Seigneur, aujourd'huy se repende
 Sur mes iniquitez.
Que ta misericorde arreste ta vengeance ;
 Efface mes pechez,
Les maux que j'ay commis en fuïant ta presence
 Ne te sont point cachez :
Je les connois, mon Dieu, ces crimes detestables
 Que j'ay faits contre toy,
J'en vois pour me punir les horreurs effroyables
 Se presenter à moy.
Par le juste remords de mes fautes cruelles
 Mon cœur est devoré,

Mais je dois esperer tes promesses fidelles
      Me l'ont trop asseuré.
Tu sçais que criminel dans le sein de ma mere
      Sans avoir veu le jour,
Je devois attirer ta haine & ta colere
      Plûtost que ton amour :
Cependant en secret tu me faisois comprendre
      Ta suprême grandeur,
Déja tu m'inspirois & te faisois entendre
      Dans le fond de mon cœur.
Asperge-moy d'hysope & viens remplir mon ame
      De ta plus vive ardeur,
Lors dans sa pureté je passeray la flame
      Et la neige en blancheur.
Parle à mon triste cœur, viens combler d'allegresse
      Mon esprit abbatu :
Viens, Seigneur, & soutiens ma mourante foiblesse,
      Rappelle ma vertu.
Si tu veux consulter ta severe Justice
      Qu'esperer desormais ?
Pour te venger, Seigneur, il faut qu'elle punisse
      Mes énormes forfaits.
Renouvelle en mon cœur cette pure innocence

Possedée autrefois,
Et dans ce cœur nouveau remply de ta presence
Fais entendre ta voix.
N'en bannis pas, mon Dieu, cet esprit que j'adore,
Dont je fus inspiré,
Daigne accorder, Seigneur, au pecheur qui t'implore
Le pardon desiré.
Pour me faire éprouver cette tranquille joye
Qui feroit mon bonheur
Fais taire ces desirs dont toûjours fut la proye
Mon miserable cœur.
Les pecheurs apprenans qu'à toy seul je veux plaire
Touchez de repentir
Peut-être chercheront la grace salutaire
Que tu me fais sentir.
Helas! le souvenir d'une cruelle offense
Me fait trembler d'effroy,
Et le sang innocent te demande vengeance
Sans cesse contre moy.
Je ne le sçay que trop, mais ta grace adorable
M'asseure du pardon,
Tu permetras encor que ma bouche coupable
Rende gloire à ton Nom.

Si tu voulois, Seigneur, de sanglants sacrifices
  Arroseroient ces lieux,
Mais ce n'est point le sang des Boucs & des Genisses
  Qui peut plaire à tes yeux.

Un cœur bien repentant, un cœur remply d'allarmes
  Et de douleurs brisé,
Jamais t'offrant, Seigneur, ses sanglots & ses larmes
  Ne s'est vû méprisé.

Cependant, ô mon Dieu, quand de pleurs je me noye
  De mes crimes impurs
Ne punis pas Sion, que mon peuple avec joye
  En releve les murs.

Alors je t'offriray d'innocentes victimes
  Et des vœux immortels,
Prosterné devant toy j'immoleray mes crimes
  Aux pieds de tes Autels.

PSEAUME CI.

PSEAUME CI.

Domine exaudi orationem meam, &c.

Ce Pseaume a esté composé pendant la captivité de Babylone.

SEigneur qui vois mes pleurs, exauce ma priere,
    Que mes cris montent jusqu'à toy.
Ne m'oste pas, mon Dieu, ta divine lumiere ;
Dans mes pressans besoins, Seigneur, écoute-moy.
J'implore ton secours, je t'appelle à mon aide,
Je sçais que de mes maux toy seul es le remede,
Tu connois les tourmens dont mes sens sont frappez,
De mes os dessechez l'humeur est consumée
Et comme se dissipe une foible fumée
    Mes tristes jours sont dissipez.

De même que l'on voit par le Soleil fanée
L'herbe mourante & sans vertu,
Ainsi je sens mon cœur de tristesse abbatu,
Ainsi de sa vigueur mon ame abandonnée
Succombe sous le fais de mes vives douleurs ;
Mes immortels regrets, mes sanglots & mes pleurs
Me tiennent lieu de nourriture ;
Mes os sont collez à ma peau,
Et je n'ay plus que la figure
D'une ombre qui sort du tombeau.

Persecuté de tous, faudra-t-il que je meure ?
Semblable au Pelican qui cherche les deserts,
Ou comme cet oyseau poursuivy dans les airs,
Qui des plus sombres lieux fait sa triste demeure :
Ainsi qu'un passereau sur un toit gémissant
Dés les premiers rayons du grand astre naissant,
Mes lugubres cris se répandent.
Tandis que des cruels nous tiennent oppressez,
Et dans leur rage me demandent
Les restes malheureux des jours qu'ils m'ont laissez.

De cendre au lieu de pain ma vie est soûtenuë,
    Mon breuvage est mêlé de pleurs,
    L'accablement de mes malheurs
    N'est pas le seul mal qui me tuë;
C'est ta juste colere, ô grand Dieu d'équité!
    Dans l'abîme où tu m'as jetté,
Je passe comme l'ombre & mon ame oppressée
Oste à mes tristes yeux le repos du sommeil,
Je suis comme une fleur par le vent terrassée,
Qui se flétrit & meurt au coucher du Soleil.

De toy, Seigneur, il n'en est pas de même,
    Tu regnes éternellement,
Dans les siecles futurs les Cieux incessamment
    Rediront ta grandeur suprême.
Ceux qu'un sombre avenir tient à nos yeux cachez,
Au recit de tes faits se sentiront touchez,
Ils beniront, Seigneur, tes oracles fidelles,
    Qui nous assûrent qu'en ce jour
Sion doit éprouver tes bontez paternelles,
    Et la grandeur de ton amour.

Cette pauvre Sion, cette ville détruite
    Triste objet du couroux des Cieux
    En proye au soldat furieux,
    Presqu'en cendre se voit réduite.
On ne reconnoit plus son antique splendeur,
Son Temple, ses palais, marques de sa grandeur
    Ne sont plus qu'un monceau de pierres.
Miserable Sion qui cause nos soûpirs
De tes tristes enfans rebuts de tant de guerres
Tes ruïnes encor sont les plus chers desirs.

Esperons toutefois que le Dieu de nos peres
    Nous tirera d'oppression ;
Il peut faire cesser nos sanglantes miseres,
Et rétablir tes murs, déplorable Sion.
Alors pour signaler hautement sa puissance
Le Seigneur répendra la joye & l'abondance
    Parmy son peuple fortuné :
Il leur rendra leurs biens avec usure,
Leurs maux ne seront sceus de la race future
Que par l'heureux secours qu'il leur aura donné.

Nous feras-tu sentir ces regards favorables ?
Quand seront-ils, Seigneur, jusqu'à nous parvenus,
　　A nous dans les fers detenus
　　Accablez de maux incroyables ?
Par le fer & le feu nos païs ravagez,
Sous un sanglant couteau nos peres égorgez,
Nous mêmes destinez à la mort inhumaine,
Pouvons-nous croire encor qu'un jour nous pourions voir
　　Finir nôtre cruelle peine
Dans ces lieux regrettez qui font tout nôtre espoir ?

Ah ! Seigneur, s'il est vray qu'au comble de la joye
Ton peuple habitera nôtre sainte Cité,
Que ses Princes sortis de la captivité
Possederont les biens que ta main leur envoye :
Ce malheureux captif qui compose ces vers,
N'aura-t-il point de part à ces bonheurs divers ?
Jusqu'à cet heureux tems étendras-tu sa vie,
Du malheur qui le suit objet infortuné,
Dans ces lieux accablé d'une peine infinie,
Le dernier de ses jours sera-t-il terminé ?

Pour joüir de ces biens prolonge encor mon âge,
Fais moy participer à tes ans éternels,
Que je puisse revoir encor ton heritage,
Seigneur, pour t'adorer aux pieds de tes Autels.
C'est toy qui fis les Cieux & qui formas la terre,
L'air, l'humide élement, & tout ce qu'il enferre ;
  Mais tant d'ouvrages differens
Ces astres éclatans, ce Soleil qu'on voit luire,
Finiront cependant comme les vestemens
  Que le tems enfin voit détruire.

Pour toy qui remplis tout par ton immensité,
Les tems n'ont point, Seigneur, ni de momens, ni d'heures,
Tu ne sçaurois changer, sans cesse tu demeures
  Dans le point de l'éternité.
Repans sur tes enfans un rayon de ta gloire,
Fais en nôtre faveur ce qu'on ne pourra croire,
  En brisant nos tristes liens ;
Que la posterité dans l'avenir ressente
Encore les effets de ces precieux biens
Qu'aujourd'huy nous tiendrons de ta bonté puissante.

PSEAUME CXXIX.

PSEAUME CXXIX.

De profundis clamavi, &c.

Ce Pseaume fut composé par quelque Israëlite dans les fers des Babyloniens.

DU profond abîme où je suis,
Seigneur, entens ma voix, exauce ma priere,
Soit que le jour commence ou perde sa lumiere,
Je ne vois point de bornes à mes cruels ennuis.

Tu connois les douleurs dont mon ame est atteinte,
Seigneur, preste l'oreille à mes tristes clameurs,
Ne me rebute point, favorise ma plainte,
Efface les pechez qui font couler mes pleurs.

Si tu mets nos forfaits dans ta juste balance,
Si tu veux nous juger au poids de l'équité,
O mon Dieu, qui pourra soutenir ta presence ?
Qui pourra nous sauver de nôtre iniquité ?

J'espere cependant qu'à mes larmes propice
Tu me pardonneras en faveur de ta loy ;
Un cœur contrit, Seigneur, doit s'assurer en toy,
Si ta misericorde égale ta justice.

⁂

Helas ! c'est sur toy seul que fonde son espoir,
Israël opprimé d'une injuste puissance :
Tant que durent les jours, de l'aube jusqu'au soir,
Ton peuple dans les fers implore ta clemence.

⁂

Ne le méprise point ce peuple infortuné,
A ses pressans regrets ne sois pas inflexible,
Ah ! si de toy, Seigneur, il est abandonné,
Rien ne le peut sauver, sa perte est infaillible.

Ludovicus Cheron inv. et sculp.

PSEAUMES LXII et CXLII

PSEAUME CXLII.

Domine exaudi orationem meam, auribus, &c.

Ce Pseaume marque le tems que David fuyoit la persecution d'Absalon.

SI je puis esperer que ta bonté propice
    M'écoute en mon adversité,
Donne-moy le secours que j'ay tant souhaité,
J'invoque en même tems ta grace & ta Justice :
Si toutefois, mon Dieu, tu veux dans ce moment
Avec ton serviteur entrer en jugement,
  Qui pourroit soutenir ta fureur redoutable ?
    Quelqu'un examinant ta loy
Croiroit-il à tes yeux paroître peu coupable,
Et nul se peut-il dire innocent devant toy ?

Regarde seulement quel peril m'environne,
    Vois l'ennemy qui me poursuit,
Aprés m'avoir ravy le sceptre & la Couronne,
Aux portes du trépas le cruel me réduit :
    Comme un mort dans sa sepulture
J'habite en ces deserts une caverne obscure,
Où je cherche à sauver mes déplorables jours,
A mon persecuteur je les dérobe encore,
Mais, ô mon Dieu, sans un double secours
Puis-je les garentir du mal qui me devore.

Lorsque tant d'ennemis me tiennent assiegé,
Dois-je esperer de voir la fin de mes miseres ?
Cependant je le sçais, dans ses peines ameres
Israël autrefois par toy fut protegé ;
Je n'ay point oublié que ta main secourable
Aux justes oppressez fut toujours favorable,
Consumé que je suis d'un rigoureux tourment
L'esperance en mon cœur ne peut être arrachée,
J'attens comme une terre aride & desseichée
    Des eaux le rafraîchissement.

De forces épuisé je n'ay plus de défense,
Entens mes foibles cris, viens tôt me secourir,
Je sens mon triste cœur tomber en défaillance,
  C'en est fait je m'en vais mourir.
Ceux que la pâle mort sous la tombe cruelle
Ensevelit dans la nuit éternelle,
  Sont moins defigurez que moy.
Dès le matin fais-moy ressentir ta clemence,
O Seigneur tout-puissant, puis que j'espere en toy,
Fais-moy joüir encor de ta douce presence.

Garentis-moy des horreurs du trépas,
Fais-moy suivre, Seigneur, le chemin salutaire
  Qui vers toy conduisant mes pas
M'éloigne pour toûjours de mon fier adversaire.
Enseigne-moy, mon Dieu, ta sainte volonté,
Que plein de ton Esprit je marche en seureté,
Seul tu peux m'inspirer la veritable voye
Qui dans Jerusalem doit me rendre la paix ;
Punis mes ennemis, qu'à tes fureurs en proye
Ils pleurent à leur tour des crimes qu'ils ont faits.

CANTIQUES.

1. CANTIQUE DE MOÏSE

CANTIQUES.

I. CANTIQUE DE MOYSE.

Audite Cœli, &c.

Moïse prédit aux Israëlites leur chûte dans l'idolâtrie, lors qu'ils seroient possesseurs de la Terre Promise, & les malheurs que leur attireroit leur infidelité.

Ieux écoutez ma voix, comme un bruyant tonnerre
Qu'elle se fasse entendre aux deux bouts de la terre,
Que mon peuple prestant l'oreille à mes discours
De ses malheurs prevûs change le triste cours.
 De même qu'au printems la fertile rosée,
Dont on voit au matin la campagne arrosée,
Fait pousser l'herbe tendre, & ranime les fleurs,
Puisse ainsi mon discours penetrer dans vos cœurs;

G

Puisse le juste Ciel suspendant sa vengeance
D'un affreux avenir vous donner connoissance,
Au recit de ces maux qui me sont revellez,
Soyez donc attentifs, fils de Jacob tremblez.

Ce Dieu qui jusqu'icy fidelle en sa promesse
Vous comble de ses biens avec tant de largesse,
Vous apprend que rebelle à ses justes souhaits
Israël doit enfin oublier ses biens-faits :
Dans la coupe d'horreur sa race reprouvée
S'enyvrant des forfaits dont elle est abreuvée,
On verra ces méchans de secours dépoüillez
Perir dans les horreurs dont ils seront soüillez.
Insensez est-ce là cette reconnoissance
Que le Ciel attendoit de vôtre obéïssance ?
Peuple dur qui de Dieu traversez les desseins,
Vous estes cependant l'ouvrage de ses mains ;
C'est luy qui fit cesser vos cruelles miseres,
De ses bien-faits reçûs interrogez vos peres,
Qu'ils vous disent qu'au tems qu'un langage divers
Fit aux fils de Noé partager l'Univers,
Que Dieu même marqua pour son propre heritage
La terre qu'à Jacob il promit en partage :
Depuis ce peuple aimé traversant les deserts,

Par sa puissante main se vit ouvrir les mers;
Mais les rapides eaux pour luy seul écartées
Ramenant tout d'un coup leurs vagues irritées;
D'un chemin pour Jacob si facile & si beau,
Firent de Pharaon le funeste tombeau.

Quels biens depuis ce tems sa bonté paternelle
A-t-elle répandus sur ce peuple infidelle?
Il vous guida sortis de la captivité
A travers les horreurs d'un desert écarté;
Et par luy vôtre course à la fin terminée,
Au mont de Sinaï sa Loy vous fut donnée.
Comme sur ses petits l'Aigle au milieu de l'air
S'élevant doucement, leur enseigne à voler,
De même du Seigneur la sagesse éternelle
Instruisoit Israël, le couvroit de son aîle.

Quel autre Dieu que luy, quel secours étranger
En tous tems, en tous lieux a sçû vous protéger?
N'est-ce pas le Seigneur qui couvert d'une nuë
Dans les âpres sentiers d'une route inconnuë,
La nuit comme un flambeau guida vos pas errans;
Et du jour rallentit les rayons trop brûlans?
Ne dit-il pas encor, quittez vos champs steriles,
Et soyez possesseurs de ces côteaux fertiles?

G ij

La riche Chanaan, païs cheri du Ciel,
Où l'on voit decouler & le lait & le miel;
Ces agneaux bondiffans, que fous fes verds ombrages
Bazan nourrit exprés dans fes gras pâturages,
Ses oliviers chargez, & fes épis dorez,
Sont tous biens qu'aujourd'huy je vous ay preparez.
Cependant fes bontez vers vous fi liberales
Ne fçauront point toucher vos ames déloyales,
L'honneur qu'au Tout-puiffant feul vous aviez promis,
Vous le rendrez aux Dieux que vous aurez foumis,
Foibles l'on vous verra pour les avoir propices,
Leur offrir en tremblant de fanglans facrifices.

Mais voicy l'Eternel qui parle par ma voix.
Peuple ingrat, peuple dur, qui méprife mes loix,
Puifque de tes pechez la mefure eft entiere,
J'ôteray de tes yeux ma divine lumiere,
Je te livre à ces Dieux fur tes monts adorez,
Ces Dieux vains, fans pouvoir, que tu m'as preferez.
Tu verras, pour punir ta lâche complaifance
Des idolâtres nez dans l'obfcure ignorance,
Fideles deformais affervis à mes loix
Remplir les rangs de ceux dont en vain j'ay fait choix.
Puifque par un refpect facrilege & frivole

Tu m'immoles au nom d'une trompeuse idole,
Que tu m'as irrité pour un Dieu qui n'est rien,
Vois un peuple adopté, qui n'étoit pas le mien,
Et qui me tenant lieu de Jacob infidele,
Sçaura mieux me prouver son amour & son zele.

Mais toy, peuple endurcy dans ta coupable erreur,
Pour punir tes forfaits, vois ma juste fureur,
Embraser les enfers & devorer la terre,
Les feux, l'air & les mers te livreront la guerre,
Mon courroux s'étendra sur tous les Elemens,
Et sappera ces monts jusques aux fondemens ;
Je te feray sentir mes flêches embrasées,
Les miseres sur toy sembleront épuisées ;
Consumez de la faim tes citoyens mourans
Serviront de curée aux oyseaux devorans,
Et des serpens cruels la morsure enflamée
Coulera dans leur sang sa rage envenimée ;
Devorez des lions, par le glaive abatus
Tes enfans, tes viellards se verront confondus,
Et de ton Nom fameux jadis si plein de gloire
Dans les siecles futurs j'éteindray la memoire.
Je suspens toutefois ces grands évenemens,
Et je differe encor mes justes chatimens,

G iij

Afin que le Gentil n'ait aucun lieu de croire
Que fur ton Dieu fes Dieux emportent la victoire.
 Mais vous lâches vainqueurs, pleins d'orgueil criminel,
A vôtre tour fçachez ce que dit l'Eternel.
Lors qu'un feul d'entre vous en peut combattre mille
Ofez-vous prefumer qu'à vaincre fi facile
Le malheureux Jacob du Seigneur condamné
Seroit captif fi Dieu ne l'eût abandonné ?
Reffemblay-je à vos Dieux fans vertus, fans défenfes,
Qui ne peuvent fentir ny punir les offenfes ?
Les biens fur Ifraël à pleines mains verfez,
Ces juftes châtimens fur luy-même exercez,
Mes biens-faits répandus, ma terrible vengeance,
Ne font-ils pas garents de ma toute puiffance ?
Pour mon peuple comblé d'abominations,
Le fcandale honteux de mille Nations,
De fes méchancetez la memoire eft gravée,
Et la vengeance en eft à moy feul refervée.
Je le rejetteray dans fon plus grand befoin,
Sa perte eft infaillible, & le tems n'eft pas loin.
 Seigneur, puis qu'il eft vray, puifque tu l'a jurée
La perte de Jacob, & qu'elle eft preparée,

Aprés l'avoir puny par tant de maux divers,
Gemira-t-il long-tems sous le poids de ses fers?
Assiegé par la faim, sans secours, sans azile,
Il languit malheureux dans sa derniere ville.
Seigneur parle à son cœur de tristesse abattu,
Reproche luy ses Dieux sans pouvoir, sans vertu,
Ces Dieux dont sur l'autel encore sont fumantes
Et la graisse & les chairs des victimes sanglantes,
Qui pourtant spectateurs sans aucun mouvement
Contemplent de Jacob le cruel châtiment.

 Dis luy, reconnoissez qu'au gré de mon envie
Je sçais donner la mort, je sçais rendre la vie,
Nul de mon bras puissant jamais n'est échappé,
Et je gueris le coup dont ma main l'a frappé.
Mais, Seigneur, je te vois touché de ses allarmes,
De ton peuple captif tu viens secher les larmes,
Ta redoutable voix parle à ses ennemis.

 O toy par qui Jacob est aujourd'huy soumis
A l'aspect menaçant de l'éclatante foudre,
Tremble voicy le coup qui te réduit en poudre.
Je couvriray ton nom d'un opprobre éternel,
Mes fléches nageront dans ton sang criminel,
On verra s'enfoncer jusqu'aux gardes trempée

G iiij

Dans ton perfide sein ma devorante épée,
Et dans ce jour fameux il me sera rendu
Tout le sang de Jacob par tes mains répendu.

Vous donc à qui sa voix par moy se fait entendre,
Contre un Dieu si puissant pourriez-vous vous dé-
fendre ?
Ce n'est point vainement qu'il prétend menacer,
Il sçaura vous punir & vous recompenser :
Desarmez s'il se peut sa fureur redoutable,
Que tout genoüil fléchisse à son Nom adorable,
Et qu'Israël soumis puisse en ce même jour
Appaisant sa colere attiter son amour.

CANTIQUE D'EZECHIAS

CANTIQUE D'EZECHIAS.

Ego dixi in dimidio dierum, &c.

Ezechias aprés une longue maladie remercie Dieu dans ce Cantique.

Dans les vives douleurs, dont mon ame trou-
blée
    Se trouvoit accablée,
J'ay dit, il faudra donc loin d'un sejour si beau
    Entrer dans le tombeau.
Au milieu de leur cours mes plus belles années
    Se verront terminées,
Et je m'en vais quitter à la fleur de mes ans
    La terre des vivans.
Je ne reverray plus cette terre d'élite,
    Ny celuy qui l'habite.
Sion ne sera plus pour moy l'auguste lieu
    Où j'adoreray Dieu.
Comme un Berger quittant un trop sec pâturage
    Pour chercher de l'herbage,
Enleve sa cabane, ainsi j'ay pensé voir

Enlever mon espoir.

Ou comme un Tisserant dont l'attente trompée
Voit sa trame coupée,
De même en un instant j'ay crû voir de mes jours
Interrompre le cours.

Je disois au matin, la fin de la lumiere
Est mon heure derniere ;
Et quand l'astre du jour faisoit place au sommeil,
C'est mon dernier Soleil.

Ainsi que l'on entend dans sa douleur plus vive
La colombe plaintive,
Je poussois dans le fort de mes cruels tourmens
D'aigres gemissemens.

Je demandois à Dieu dans mes peines ameres
La fin de mes miseres.
Vers le Ciel où mes vœux sans cesse étoient poussez,
Mes yeux étoient fixez.

Seigneur, disois-je alors, soulage ma foiblesse,
Vois le mal qui me presse,
Entens-moy, prens pitié dans mes tristes ennuis
De l'état où je suis.

Il est juste, Seigneur, que je sois miserable,
Puisque je suis coupable :

Punis-moy, mais aprés ce rude châtiment,
Fais cesser mon tourment.
Ah! Seigneur, ta bonté par mes larmes pressée,
A ma voix exaucée,
Tu me rends le bonheur que tu m'avois ôté,
Me rendant la santé.
De mes pechez passez tu n'as plus de memoire,
Car tu sçais que ta gloire
N'occupe point les morts, on ne la chante pas
Au delà du trépas.
Des justes seulement qui possedent la vie
La bouche la publie,
Seuls ils peuvent parler selon ta verité
A leur posterité.
Conserve-moy, Seigneur, ce bien inestimable,
Que ton Nom adorable
Soit beny à jamais, & dans toute saison
En ta sainte Maison.

CANTIQUE DE LA VIERGE.

CANTIQUE

Que la sainte Vierge prononça lors qu'elle fut visiter sa cousine Elisabeth.

Magnificat anima mea Dominum, &c.

LE grand Dieu d'Israël dans le fond de mon ame
  Est glorifié chaque jour,
Mon cœur se réjoüit, & mon esprit s'enflame
  Au feu de son divin amour.
Il n'a point dedaigné mon extrême bassesse,
Il dépose en mon sein son immense sagesse,
C'est mon Sauveur, je dois sans cesse le benir;
Toutes les Nations m'appelleront heureuse,
Du tems & de l'oubly toujours victorieuse,
Ma gloire passera les siecles à venir.

Celuy dont l'Univers adore la presence,
L'arbitre souverain des Rois,
A voulu m'honorer de son glorieux choix ;
Sa grace en ma faveur prodigue sa puissance :
Il joint à la virginité
Une heureuse fecondité,
Accomplissant en moy cet auguste mystere,
Il me rend le sejour de la divinité,
Et Vierge je deviens la Mere
Du Dieu dont je tiens la clarté.

Au gré de sa bonté puissante
L'humble de cœur est exalté,
Le Seigneur étendra sa vertu bien-faisante
Sur toute sa posterité :
Tandis que dans son avarice
Le riche plein d'orgueil trouve un juste supplice ;
Accablé sous le poids de son iniquité ;
On le verra perir avec son abondance,
Et son fameux debris sera la recompense
De l'innocente pauvreté.

Ainsi de nôtre Dieu la Justice severe
Confond l'orgueil des coupables humains,
Lors qu'à l'humble oppressé sa bonté tend les mains,
Le superbe devient l'objet de sa colere.
 Ce Dieu, ce souverain Seigneur,
Aujourd'huy d'Israël se rend le protecteur.
O jour trois fois heureux! ô jour (le peut-on croire)
Qui nous fait triompher de tous nos ennemis :
Sion, voicy ton Roy tout éclatant de gloire
Qu'Abraham attendoit, & qui luy fut promis.

CANTIQUE

CANTIQUE

Ludovicus Cheron in. et sculp.

CANTIQUE DE ZACHARIE

CANTIQUE DE ZACHARIE,

Qu'il prononça à la naissance de son fils saint Jean-Baptiste.

Benedictus Dominus Deus Israël, &c.

BEny soit le Seigneur, qui d'un dur esclavage
    A finy le malheur,
Et vient de rétablir dans son propre heritage
    David son serviteur.
Comme il avoit promis par tant de bouches saintes
    Son secours est venu :
Ces ennemis puissans qui méprisoient nos plaintes
    Ne l'ont que trop connu.
Il n'a point oublié cette auguste Alliance,
    Ce sacré Testament,
Qu'Abraham pour le prix de son obéïssance
    Obtint avec serment.
Dieu jura que sorty d'une chaîne cruelle
    Son peuple desormais
Pourroit en liberté plein d'ardeur & de zele

Le servir à jamais.

Mais toy petit enfant que sa main nous envoye,
Et qu'un ordre éternel
Destina de tout tems pour preparer la voye
Du Sauveur d'Israël.

Comme un flambeau, c'est toy qui doit marquer la trace
De ce Dieu desiré,
Et montrer aux pecheurs dans les eaux de sa grace
Leur salut assuré.

Il descend, vient vers nous, & sa misericorde
Efface nos forfaits;
Tous nos vœux sont remplis, sa bonté nous accorde
Une éternelle paix.

Cantique de Siméon

CANTIQUE,

Que prononça le Vieillard Simeon voyant nôtre Seigneur, lors que pour la premiere fois la sainte Vierge le porta au Temple.

Nunc dimittis servum, &c.

SEigneur, puis que mes vœux enfin sont satisfaits,
Et que mes yeux ont vû ce jour plein d'allegresse;
Pour ressentir l'effet de ta sainte promesse,
Laisse aller maintenant ton serviteur en paix.

Voicy des Nations la lumiere éclatante,
Nos malheurs sont finis, que puis-je desirer ?
Celuy que nos ayeux nous ont fait esperer,
Vient sauver Israël & remplir nôtre attente.

Le salut qu'aujourd'huy nous obtenons des Cieux,
Détruit l'Ange orgueilleux qui nous livroit la guerre;
La gloire du Seigneur se répand en tous lieux;
Le Sauveur de Sion l'est de toute la terre.

Approbation de Monsieur Gerbais, Docteur de Sorbonne, nommé par Monseigneur le Chancelier pour lire cet Ouvrage.

J'Ay lû le Livre intitulé, *Essay de quelques Pseaumes & Cantiques mis en vers, enrichis de figures.* Le   Octobre 1693.

GERBAIS.

Extrait du Privilege du Roy.

PAr grace & Privilege du Roy, donné à Versailles le 15. Novembre 1693. signé par le Roy en son Conseil LOUVET, Il est permis à Mademoiselle *** de faire imprimer, vendre & debiter un Livre par elle composé intitulé, *Essay de quelques Pseaumes & Cantiques mis en Vers & enrichis de Figures*, pendant le temps de huit années, avec défenses à toutes personnes de quelque condition qu'elles soient de contrefaire ledit Livre, à peine de confiscation des exemplaires, de trois mille livres d'amende, & autres peines contenuës plus au long audit Privilege.

Registré sur le Livre de la Communauté des Libraires & Imprimeurs de Paris le 17. Novembre 1693. Signé, P. AUBOUYN, *Syndic.*

Achevé d'imprimer le premier Decembre 1693.

www.ingramcontent.com/pod-product-compliance
Lightning Source LLC
Chambersburg PA
CBHW060525090426
42735CB00011B/2377